Rubèn Ramos Falconì-Alizorojo

POEMATRASTO UNO (reedición)

Rubèn Ramos Falconì-Alizorojo

POEMATRASTO UNO (reedición)

mi tiempo, el amor, la distancia, la muerte

JustFiction Edition

Imprint

Cover image: www.ingimage.com

Publisher:
JustFiction! Edition
is a trademark of
Dodo Books Indian Ocean Ltd. and OmniScriptum S.R.L publishing group

120 High Road, East Finchley, London, N2 9ED, United Kingdom
Str. Armeneasca 28/1, office 1, Chisinau MD-2012, Republic of Moldova, Europe
Printed at: see last page
ISBN: 978-613-7-40165-1

POEMATRASTO UNO

rubèn ramos falconì-alizorojo

mi tiempo, el amor, la distancia, la muerte

1990-2022

Índice

De los 90'	*5*
Colgado	6
Han traído la espera	7
Otra vez	8
Estoy recordando	9
Yo no tengo	10
Mañana	11
Ayer encontré	12
Volveré a juntarme	13
Atravesado	14
Todas las noches	15
Tú eres mi tiempo	16
Me he colgado	17
A ti todo te parece	18-19
No es cierto	20
Todo mi tiempo	21
Dos calaveras	22
Hoy estarás acordándote	23
Mi madre está ahora	24
2000-2008	***25***
Tú eres lo injusto	26-29
El amor llega	30-35
Llegaste	36-38
Me importa	39-40
Siempre supe	41-44
Otra vez	45-46
Hoy te fuiste	47-48
Cuánto hubiera querido	49-50
Me tumba	51
Destruiste	52
Me voy	53-54
2009-2022	***55***
Cuánto me han alimentado	56-58
El hombre	59
La ventana	60
Ahora tengo la edad	61-62
Hoy te echa de menos	63
Mi madre está ahora	64-65
Ayer te fuiste	66-69
Te fuiste	70-73
Escribo esto	74-76
Parado	77-78
Nunca te fuiste	79-80
Muerte	81
El tiempo no pasa	82-83
Recoger lo no vivido	84-85

Yo
nunca tuve talento
para hacer poesía
por eso
soy torpe
con el papel
y la letra
con mi tiempo
y el tuyo
con tus recuerdos
y el mío

De los 90’

Colgado
de la tela de araña
de enfrente de mi ojo
está el recuerdo
de tu cuerpo
mojado de mar
en mi pupila

he vuelto
a mirar mi tiempo
cayendo
sobre mi cansancio
esperándote

con una vela
intento encontrar tus ojos
en la punta de un adiós
escarlata

no conozco el mar
ignoro la noche

pero me han dicho
que si cruzo
mi zapato
en la esquina infinita
del tiempo
un día inexistente
me dirá tu nombre

yo estaré cansado
mucho más miope
tomaré tus manos
y tal vez te olvide

Han traído la espera
a mi puerta
dos almas
que dicen saber
cuando te fuiste

yo me pregunto
si es tanta la ternura
de mi tiempo
de acercarme a tu lado
ahora que tengo
tantas ganas
de conocerte

Otra vez
se ha echado
sobre la curva
de mi espalda
tu partida

sonriendo
tu adiós
aprieta
mi pecho

en mi cara
la lágrima
de todos los junio
que no te ve
se mete en tu pelo
para irse
también

ahora
ni llorar sabré
cuando vuelva
a tu ausencia

Para mi hija Mishelle en su tercera partida 06-05-93

Estoy recordando
tu cara mojada de días

apenas puedo guardar
las gotas
entre mis huesos
y no estoy triste
ni alegre
ni nada

sólo tengo
polvo
cansancio
y una pena testaruda
corroyéndome un ojo
mirándote
donde el tren al sur
te puso
de corazón al mar

no recuerdo
cuando creciste
pero preciso
que fue un día
que estuve sordo
displicente
turbio
casi yo

ahora mi cara
no tiene extremo
y estoy buscando
el ángulo
donde se asoman
los tres cuartos
que son tuyos

te buscaré en el viejo farol
allí dicen
suele esconderse
el tiempo

Para Mishelle en una nueva partida 03-02-94

Yo no tengo
la nariz
triste
ni el pelo
azul

acaso me pierdo
siempre
entre los que nunca están

un día
me voy a morder
la cola
y haré saltar de un suspiro
el vientre choclo
de mi tía
la del tenedor

Mañana
volveré
a fungir de maestro
y me volveré a reír
de los héroes
los curas
las monjas
las beatas

de los hipócritas
chupándoles
el ombligo

o acaso
me quede enroscado
en la punta
del lápiz olvidado
del viejo
que
apoyado
en su intrincada cabeza
seguirá
después de la dialéctica
cojudiando
el movimiento
del fin de la historia

Ayer encontré
a mi mano
izquierda
soplándole
a la otra
qué tiempos aquéllos
de los huecos
¿te acuerdas?
calientitas
siempre
y con una bola
al medio

en cambio
ahora
un dos
un dos
siempre afuera
o doblada tú
echado yo
haciendo pajas
sin escalofríos

Volveré a juntarme
con el raspadillero
de los días
después de la tranca

le diré que no te veo

hace mucho
que perdí tu cara
aunque tu mano
me la recuerde

le daré treinta centavos
para que nos cuente
lo que hizo anoche
con su mujer
cuando la encontró
tirando con su compadre
el manco ese
que enseña
la mano
cuando se busca
el dedo
para saber
que tiene maña

Recordando a mi amigo Jorge Madrid un día de 1995

Atravesado
en el umbral de los siglos
se han estrujado
en mi médula
los encontrados amores
de mis dedos
en el agobiante laberinto
de mi columna

no tengo paraguas
para cubrir mi angustia
ni para seguir empujando
el entierro de las pasiones
que son
todas las mujeres
que amo
que quiero
que deseo
y no tengo

que espero
volteando inútilmente
la tarde

Todas las noches
viene un pájaro
turbio
a contarme que anda
tras una sombra
que no sabe
si lo espera
o se va

¿será ésta
una historia más
de pájaros y sombras
de sombras y mal agüeros?

o es que de verdad
la ventana de mi cuarto
se ha perdido
en el patio trasero
del infierno
donde una chancha le dice
a la hamaca
que la meza suave
porque va a parir

Tu eres mi tiempo
mi alegría egoísta
la que se disfruta
de a dos
pegado a la pared

eres el encuentro
de mi energía
enervando los años

acaso no sepas
eres también
mi mezcla rara

la difícil manera
de mirar la vida

de crecer

de saltar la valla
al otro lado
de mi cara

Me he colgado
de la espina
que toca el día
que se quedó sin ser

no he vuelto
mi joroba
hasta que vi
entristecerse al gato
que no es mío

que aparece
de vez en cuando
asomando
su ojo trasero
a la puerta
de los que esperan
a morir
un día inesperado

tarde es ya
cuando me dice
que será pronto
que todo cambiará

yo estoy esperando
hace largos siglos
de vigilia
y no me llega
la estación
a pesar
de mis maletas
mi pasaje
y mi pan

A ti todo te parece
racional
siendo todo
menos eso
y eres capaz de advertir
rechazo
a la falta que me hace
desasirme
de esa manera tuya
de amar

quiero gritar
que no tengo
por qué sentir
amor por ti
tal cual
tu racionalidad
ha prescrito
como cierto

cuando no estás
siento tu soledad triste
a diferencia de la mía
que la disfruto
con egoísmo
tal vez enfermizo
y siento ganas de verte
de hacerte saber
que estás conmigo
que nada acecha más
mi amor por ti
que tu obsesiva
posesión

déjame
amarte como soy
ignórame
como tu propiedad
aprende
a sentirme en tu piel
cuando la mía
reclama la tuya

es la única manera
que tengo
para creer
que no te pierdo

no me pidas elegir
será una espera
que no llegue

amar
no es una elección

acariciarnos
cuando se nos atraviesa
la pasión
el afecto
tampoco

nunca elegí

tengo lo que llegó
quiero ser feliz así
verte a mi lado
sin acuerdos
a no ser para decirte
que si el estar juntos
no es una elección
lamento
el tiempo perdido

No es cierto
que porque uno vaya a morir
se escriba sobre los muertos

yo siempre estoy entre ellos
me dictan cosas
que a veces copio
y otras veces olvido

al menos
por esta vez
me ha servido
hacer de escribiente
mientras mi cabeza
revuelve
su inercia rutinaria

Todo mi tiempo
que te espero
he sentido miedo
de tu cara

dicen
que no eres
ojos
ni boca
ni frente
tampoco
a tu costado
tienes la llave

dime entonces
inservible
gusano
al acecho

¿cómo crees que entraremos
en el reino de las flores
si don Tello
no permite
usar las escaleras?

Dos calaveras
están haciendo el amor
a la sombra de mi puerta
ella es terca
y le pide que la abrace
pero él no quiere
prefiere besarla
a pesar del ruido

torpe
torpe
le dice
¿no ves que despertarás
a los demás?

Hoy estarás acordándote
al pasar tu ojo
por la estrella
que no te devolverá nunca
de cuando tirabas
de tu fama de "burro"
tu enorme ternura
llamándome rube

ya no volveremos a vernos
y nos dolerá a los dos
el abrazo que quedó
aguardando
en la tranca del zaguán
de la casa Tarapacá

tampoco
tomaremos
otra vez
el tranvía
para ir a encontrar
un beso casero
al Rímac
donde las Matilde

pero yo estaré a las seis y media
a la salida de la imprenta
que nunca fue tuya
para ir a cinco esquinas
a visitar a los parientes

nunca sabré
por qué hoy
decidiste salir más temprano
para ir a quedarte
con ellos

Para mi hermano Abelardo que se fue sin estar conmigo el 03-04-93

Mi madre está ahora
tumbada
en el centro de su tiempo

¿le alcanzarán sus ojos
a mirar el pardo
de los que un día
atravesaron su vida
para dejarla ir?

¿se habrán perdido
las miradas
que de tarde en tarde
la llevaron al río
a encontrar su color?

no está triste
tampoco alegre

hace ya mucho
que la mirada de mi madre
se ha ido del tiempo

07-06-1999. Para mi madre un año después de su partida.

2000-2008

Para Yury

Me pone triste
escribir
sobre lo que hacíamos
prefiero pensar
en lo que haremos
después de vivos

Tú eres lo injusto
de mi tiempo
que no es tuyo

lo injusto
de la curva
para no morir

de la recta
que no endereza
la esperanza

de mis horas
oblicuas
buscando evadir
tus cuartos de hora

eres
lo injusto
de una mujer
descolgada
en mi cabeza
preguntando
por mi alma

lo injusto
de tus no
hurgando
mi paciencia

de tu ternura
enroscada
en mi brazo

de mi risa
burlando
al tiempo

de mi irracionalidad
buscándote

de lo que no se espera
cuando llega

tú eres lo injusto
de esconder
el frío
en tus rodillas

lo injusto
de mis manos
mordiendo
mi deseo
por descubrirte

lo injusto
de tu cabeza
arrimada
a mi hombro

de tu pelo
partido en dos
provocando
tocarlo

de tus preguntas
devolviéndome
lo ido

eres
lo injusto
de un paradero
equivocado
pero feliz

lo injusto
de envolverme
en la torpeza
de insistir

de quererte
adivinar

de morirme
cuando
te quieres ir

lo injusto
de buscar vírgenes
en los parques

de contarme
un secreto
para que no se lo diga
a tu madre

eres
lo injusto
de mi locura
por tenerte
cerca
aunque sea
para dejarte ir

lo injusto
de quien se va
sin dar vuelta
porque acaba
una
circunstancia

de quien cierra
su puerta
para devolverme
a la realidad

de quien me advierte
que no la espere
porque no quieres
volver
porque estás
muy agradecida
de veras

tú eres lo injusto
de quien dice

que no habrá
otras horas
que diste
lo justo
de lo que deben
tus ojos
tus manos
tu pelo
tu sonrisa
tu cuerpo
inalcanzable

tú eres lo injusto
de los viernes
que terminan
con mi tiempo

lo injusto
de quien nunca
dice
mi nombre
pero me envuelve
en el suyo

lo injusto
de quien no da
respuestas
pero
alienta
mis preguntas

lo injusto
por descubrir
cuánto
te amo
justo
a destiempo

El amor llega
o siempre se sabe
que viene

en aceptarlo
está el valor

el amor
no pregunta
por edad
color
tamaño
olor
o tiempo

tampoco responde
por qué
cuando se va

si no llega
o se sabe que no viene
no hay por qué
esperarlo

esto sólo uno lo sabe

yo sé que llegó contigo
sólo tú sabes
si no viene conmigo
y aquí no hay arreglo
ni plazo que valga

el amor no se trueca
ni con la bondad
ni con la gratitud

tampoco con el perdón
menos con lástima

el amor no espera
ni para llegar o anunciar que viene
ni para irse o advertir
que se acaba

se necesita coraje para saber
que no le hacemos un favor
porque de lo que menos
entiende el amor
es de concesiones

cada tiempo puede hacer
que el amor
no llegue
o se acabe
pero no acepta ser razón
para lo que es sentimiento

mi tiempo sólo pide
cobijar tu amor
sin márgenes ni plazos
sin distancias ni enfermedad
sin tratos ni limitaciones

cobijarlo para ser libres
abiertos
plenos
fuertes
diferentes sin ser distintos

para ser cada uno
juntos

para no exigirle eternidad
a lo que sólo da vida

el amor no dice
cuánto ha de durar
ni cómo ha de ser

se da cuando dos
que nunca antes
se habían visto
coinciden
en el lugar no esperado
en la circunstancia más ajena
mirándose a los ojos

buscando
quién sabe
qué respuesta
diciéndose
uno primero
que el otro
ya me fregué

a veces
por no querer
volver a amar
porque el amor
duele

otras veces
porque el amor
confunde

lo primero es cobardía
lo segundo miedo

el amor permite
abrazarlo todo
hacer todo de nuevo
preocuparte por alguien
que no eres tú mismo

dejar lo convencional
no dormir y sentirte bien

vivir tu tiempo
de la mano de quien
tal vez mañana
no esté contigo
pero extrañaras
de una manera rara
mezcla de lo inacabado
que llegó al final

quizás por esto
el amor
no toca la puerta
de los tímidos
los débiles
de los que prefieren
la agonía a la vida
de los indiferentes
capaces para nada

de los que creen que el amor
llega sólo una vez
y duermen sin admitir
que el amor
es siempre otro

déjalo entrar si llegó
recíbelo si dice que viene

no te equivoques
no busques excusas

no huyas
o serás el común denominador
de los que se quiebran
de los que nunca serán enteros
de los que exigen certezas
como si el amor fuera una suma
de los que pensando
en lo pasado
terminan solos

el amor
es sólo sentirse bien
querer dar
encontrar en el otro
la actitud
no la respuesta

el amor es alguien
que se cuelga a tu brazo
que entra en tu casa
criticando su forma

alterando tu ritmo
diciendo no a todo
sin saber por qué
enseñándote
otra vez a Beethoven
diciéndote que es injusto
volverte a la vida

el amor
eres tú para mí
hasta cuando se acabe

entonces
ya no te recordaré
porque no se recuerda
lo que se extingue

no me importa si no te importa
siempre que para ti
sea cierto que ni llegó
ni se anunció otra vez

si me importa y mucho
si sientes que llegó
y estás diciendo no
asumiendo que pueda exigirle algo
a tu tiempo
tus planes
tu vida

tú tienes que correr
el camino que yo ya recorrí
en espacios
algunos parecidos
pero los más distintos

lamento que aunque quisiera
no puedo ni debo acompañarte

es tu camino y sólo tú
debes conocerlo

si decides compartir
quizás la última llegada
del amor para mí
será permanente
de tus regresos
mi espera

no importa a donde vayas
ni de donde vengas
nada te atará a mí
excepto el amor mientras dure

no es promesa ni compromiso
ni persuasión
es convencimiento

sé que mientras te ame
y tú lo hagas
nada ni nadie
te cambiará para mí

cuando deje de amarte
que será después
que tú lo hagas
me iré
cómo se va el amor
sin pedir permiso
ni dar explicaciones
igual que ahora

Llegaste
al caer de mi tiempo
para acurrucarte
en el hueco
de mis dos manos

¿cómo puedo
amarte
en el ruido
de mis gritos?

¿cómo es posible decirlo
cuando muero
al verte partir?

tengo miedo
de mis temores
mis angustias
mi desesperación
por encontrarte
justo al final de la tarde

quiero escapar
de mi sobresalto
por amarte
sin llamadas
recados
compromisos ajenos
miedos

huir del temor
de lo que se queda
a la mitad

de lo que se vuelve
distancia
antes que cercanía

torpeza vociferante
antes que tranquilidad

intolerancia
antes que paciencia

quiero detener las horas
que no puedo alcanzar

detener mi tiempo
mientras creces a mi lado
y que los años
se olviden de mí

tengo temor del final
que anunciaron
quienes colgaron
de mi hombro su nombre
pensando en siempre
mientras yo
corría buscándote

quiero entrar en mi casa
encontrar tus ojos

hacer el viaje
que no me devuelva
al pasado

que haga todo
presente
inmóvil
para que nunca
te vayas
para no regresar
yo otra vez

quiero detener
tu ausencia
cuando te quiero
a mi lado

tu juventud
que no entiendo

tu cuerpo
que no conozco

tu risa
que adivino burlona

tu buena intención
que lastima

tu desorden
que acomoda todo

tu suerte
que pretende componer tu tiempo
tu afán
por hacer poesía de mi angustia

tu amor
que llegó de tu pasado
demasiado para mi espalda

presiento
te lo llevarás
un día
dejándome solo
triste
de frío
huérfano
ojalá muerto

un día
que quizás
no regreses

Me importa
tu decisión

tal vez más que eso
me importa saber
que me dejaste entrar
en tu vida

me importa
tu tiempo
en que no tengas miedo
en que tu nombre sea el mío
mis manos tus manos
mi fuerza tu fuerza

me importa el día
en que la voz
no te tiemble
en que puedas mirar
a la cara tu vida
en que puedas sentir
que nadie le prestó
luz a tus ojos
en que el temor
no encorve tu sonrisa
ni opaque tu voz

me importa
que la espera
te canse
que la presión
te derrote
que las insinuaciones
te dañen
que la costumbre
postergue tu libertad
que el ir y venir
te extravíen

me importa
que digas no
antes de llegar
el final

me importan
tus partidas
tus ausencias
mientras piensas
en volver

me importa
mi tiempo de soledad
de “cuídate mi amor”
sin tener tus manos
para curar tu falta

me importa
que un día
te vayas sin llegar
tus dudas
que no termino por disipar
mi tiempo que me gana

me importa
que vuelvas tus ojos
a los acechos
que le encuentres gusto
a caminar en muletas
a pedir permiso
para dejarte amar

me importa
el encierro de tu corazón
el palpitar de tu vientre
el aire que respiras

me importa
tu demora en crecer
a pesar que amo tu niñez

Siempre supe
que como llegaste
un día te irías de mis manos

que no tendría
fuerza para retenerte
ni palabras para convencerte

se va la mujer
detrás de tus ojos
parpadeando
prejuicios y mitos
que no sirven
para la alegría del amor

no entiendo
por qué quieres crecer
siguiendo el rito
que marca el equívoco

menos que creas
que pueda acompañarte
en una aventura
en la que no tengo
cómo hacerlo
sin hacerte sufrir

te adoro demasiado
para lastimarte así

tú no quieres saber que
así como eres
inmensamente dulce
lo eres también de frágil

tú quieres empujar
el amor
por el camino trillado

sólo te pido hasta que no pueda
verte ni sentirte
no te confundas

que te quedes a mi lado
hasta que encuentres
la respuesta
que aclare tu error

no soy el hombre
para atar el resto de tu vida
a una ilusión que mataría
la única realidad que tengo
de quererte como mujer
no como madre
y la tuya
de quererme como padre
no como amante

tenemos que reconocernos
cada uno en nuestro propio egoísmo
encontrar la respuesta
para no seguir haciéndonos daño

tal vez eso empieza
por respetar nuestras propias miserias

no más diálogos
sobre lo que sabemos
nunca estaremos de acuerdo

no más promesas
que sólo son mentiras

no más ilusión que no sea
construir juntos el adiós

para mí empezó hace algún tiempo
sólo espero verle la cara.

para ti son varias posibilidades
o acabarte insistiendo en lo mismo

te dije con mi primer abrazo
a mí sólo me resta esperar

toma el adiós
que tu corazón
y tu cabeza decidan

te amo demasiado
para esperar morirme
mirándote a los ojos
llenos de odio

permite que vuelva a ti
cuando olvides
lo que no quiero ser

deja acurrucarme en tu espalda
sintiendo esta terrible ternura
que ningún sexo puede reemplazar
y que sólo tú despertaste en mí
desde tu palidez
en mi piel
en mis manos
en mi cuerpo
en mi alma

no me importa
cuánto hagas
ni cómo lo hagas
sólo quédate a esperar
tu partida conmigo

llegaste a mí bulliciosamente
desafiante
linda

vete en silencio
callada
con tu sonrisa de rosa
sin despertar
la menor duda
de que estarás bien

perdona
mi conflictuada manera
de amarte

entiende
sólo por una vez
cómo me sentí
todo este tiempo
rodeada de tu amor
envolvente
posesivo
enorme
desordenado
violento
dulce
amargo
teniendo
el doble de tu edad

¿suerte? ¿felicidad? ¿increíble?
todo junto

¿por qué entonces
no darte lo que quieres?

porque quiero morirme
sin que nada
de todo lo que me diste
se lo robe
la cotidianeidad
el afán
lo común

tú eres
y serás siempre
lo distinto

Otra vez
tu enamorada ternura
se ha hecho un nudo
de este amor
que alcanza a todo
cuando es libre
suelto
ambiguo
sin ser falso
terco
a la lealtad
pero no fiel

como siempre
otra vez dirás
que el amor así
no es posible
que eso
para ti
no existe
que si yo quiero
me voy

me envolveré
en el temor de lastimarte
y guardaré
mi amor que te persigue
en lugar
de acompañarte

contigo
aprendí a encontrar
mi sonrisa
mi nombre
mis lados

aprendí a mirar tus ojos
y a hacerlos llorar

aprendí la tristeza de cargar
con la culpa
de lo que sin elegir
atravesó eros en mí

aunque por saber amar
debí hacerte feliz
lo único largo
en este trajín nuestro
ha sido siempre
tu pena

tu tiempo
sigue porfiando
incrédulo
de mi amor

no sabré nunca
cuánto ha crecido en ti
ni si algún día descubras
por fin
su apasionada furia

quizás entonces
te encuentre en la rareza
de tus apenas
en el contumaz anuncio
de tus silencios
buscando lo que quizás
perdiste

descuida
yo estaré
en la punta del recodo
aguardando
de nuevo
tu verdad

Hoy te fuiste
como todos los domingos
desde que entraste en mi vida

y estoy triste con un dolor
que hunde la distancia
arrancándome el aliento
mientras te pierdes de mis ojos
y mis manos no te alcanzan

me duele todo como a ti
cuando dices
que te carcomo el alma
con mi frialdad

y es que te has ido sin querer
a insistencia mía
como si yo pudiera vivir
sin tenerte

tal vez no debí insistir
en que te fueras
y no estaría llorando
estaría besando tu pelo
amando tu perfume
sintiéndome eterno

pero ahora siento morir
y no estás para saberlo
como nunca estás
para enterarte
cuánto te amo
cuando muero
cada domingo

tal vez
no debí descubrirte
nunca

te esperé tanto
sin saber cómo eras
ni de dónde vendrías

ni qué color tendría
tu risa
ni qué olor
tu piel
ni cuánto sabían
tus manos
de mi espera
por tí

cuando llegaste
abrí mi corazón
entraste al lugar que siempre supe
era tuyo
sin conocerte
sin reparar en la distancia
que nos separa y crece

sin el tiempo
que no pudo hacernos
irreconocibles
cuando nos miramos

sin la pena que hoy
pretende vencer
mi alegría de viernes
cuando llegas

que no se detiene
en las formas
los respetos
los compromisos
los convencionalismos
los prejuicios
el amor a letras

tal vez
no deba esperarte

recuerda
que cuando me fui
tu estuviste en mis ojos
como cuando llegaste

Cuanto hubiera querido
saberlo antes
para sacarte
de la esquina de mi bolsillo
donde tercamente
te puse
una y otra vez
pretendiendo
adormecer mi tiempo
al atardecer

hoy no te tendría
pegada a mis dedos
repitiéndote
cuánta falta me hace
tu silencio
pegado al desorden
de todos los días
tras tu prisa
en busca de nada

no sé
si esa búsqueda
o esa prisa
te condenan
a la duda

o son mis huidas
del temor
de perderte

o el equívoco
de las esquinas
de donde venías
aquella mañana
desde siempre

mal hizo mi tiempo aquel día
en dejar que te quedaras
con el color de tu ternura
a sabiendas
de que era poca para toda mi espera

mal hizo mi tiempo al dejarte
entrar en mi casa
de donde siempre te eché
para que no te vayas
porque te quiero
esperando
mi despedida

en fin
ahora ya queda poco
como cuando se está
pronto a morir
equivocando el día
malgastando el alma
crucificando la luz

ahora
todo está quieto
esperando
la sinrazón de la torpeza
de una niña
y un hombre
que maltrataron el amor
teniéndolo en los ojos

¿será que así
se escriben
las historias
de amor?

Me tumba
el alma
la ternura
de tu ausencia
esperando
que des vuelta
a la llave
cargando
mi abrigo
con tu sonrisa
metida
en la lana
de tu gorro

hoy
mis manos
enterradas
para no hacerte entristecer
se rebelaron

tal vez por eso
preferí
no escuchar
ni sentir
ni llorar
encorvado
en el rincón
donde mis duendes
tiritan mi tristeza

lejos
topando tu frente
a la mía
voy camino
a tu cuarto
para encontrarte
de nuevo

Destruiste
lo que de espera
me quedaba

has pinchado
el último clavo
de tu ingratitud

ha vuelto
a entumecerse mi alma
en el rincón aquél
de lo ido
buscando
la metafísica respuesta
al sentido de vivir
para morir
cada día
de tu ausencia

Me voy
porque como siempre supe
llegué tarde
para entrar en tu corazón de pasado
lleno de miedo
exigiendo seguridades
recordando
comparando
buscándome
donde no me encontrarás

me voy
para darte el tiempo que no tengo
mientras decides qué hacer
con tus sombras
con tus años
meses
días

yo sólo quiero
las horas que me privas
para amarte
pero tú eres libre
de acabar con ellas

tu eres libre
de deshacer mi paciencia
mientras haces la paz
con tu corazón

yo no tengo
libertad para esperarte
porque creí
que ya habías llegado

tu eres libre
para pedir
seguridades
mientras acabas
con mi locura

libre para recordar
lo que no son
ni tus propios recuerdos
sino el dolor
de lo que alguien
no hizo por ti

el miedo a que yo
sea lo mismo

y aquí está el abismo
que te hunde

no soy lo que no fue
tampoco lo que esperas que sea

no soy tu mirada atrás
tampoco la que te ate al futuro

no soy tu acompañante
para encontrar el fracaso

soy el que quiere amarte
aunque tenga que morir
para que encuentres la diferencia

para que te pares en el hoy
y mires atrás
sólo para saber que ya pasó

para que dejes
de lacerar mi tiempo
cuando te empeñas
en traer a mi cama
tu ilusión
creyendo hacerme sentir
que me amas

ámame hoy
para mañana
no ayer
para nunca

2009-2022

Cuánto me han alimentado
estos días
de extrañezas
de olvidos
y de aprehensiones

cuántas veces
mi cabeza
ha dado vuelta
a los cerrojos
de mis calamidades
y desnudeces

han concurrido
a la mesa
las caras
que ya nunca veo
que se habrán muerto
en un día
de conjuros
y abdicaciones
de promesas incumplidas
de juramentos inútiles

se han vuelto mis ojos
a mirarse la niña
encontrándose
añosos
lejanos
acaso tristes

ha sido frugal
la comedera
de mis demonios
y atrocidades

qué pequeña mi alma
al lado de todo cuanto
me recuerda
la tarea incumplida

habrase escondido
tal vez
en el pellejo de lo atragantable
para no hacer más triste
este caníbal mío
escarbándome el colon

volver atrás
no es vivir de nuevo

y yo no tengo
la ansiedad
de lo vivido
sino la pregunta
de lo que se ha muerto

en el baúl de lo ido
no están los por qué
sólo los envilecidos miedos
los temores odiados
en noches de censura y de sirenas
en este país de sorna
que se rinde a todos los pretextos
menos a los juicios
cual odiosa lucidez hereditaria
de taras y de mentiras

y qué pesado me resulta
mirarme adentro
con apenas una lucesita gris
siendo un francotirador
aunque nunca un mercenario

por eso es amarga
siendo dulce
esta crucial entrevista de mis ojos
justo en el agujero
que me permite apuntar mejor
las balas que me enseñó
a enfundar la fantasía

no está más
la demoniaca aventura
de hacer pasar a los ricos
la desventura de los pobres
sin más armas
que tu boca
y las botellas de vino tinto

tampoco está
el oeste de mi niñez
ni los odiados apaches
a los que había que matar
sin misericordia
para que el joven bese
a la muchacha

ahora está
el mal oliente tugurio
de los derechos humanos
porque ya el hambre
y el imperialismo
se dieron la mano
y hay que luchar por la agonía
porque nunca creímos en la vida

está el fastidio
de sentarme a esperar
a ese inexorable blanco
que viene de oscuridad
a llevarse mi escopeta
para entregarla al fuego

quisiera saber
cuánto tarde
para poner a la hora mi reloj
y en punto mi miedo

por eso te busco
para agazaparme en tu espalda
y disparar sobre tu hombro
antes que se me quiebre
el dedo

El hombre
ese difícil
necio
a veces
bonito animal
tiene derecho
a crecer

a veces
lo hace sin pedir permiso
en la calle
en el barrio
en el puente

a veces
le dicen
cómo
tiene que hacerlo

otras
le cuentan
un cuento

a mí
me contaron uno
que dicen
se entreveró
entre papeles
y así es como
siempre estoy al comienzo

a ti
procura que
no te digan
dónde
ni cuándo
ni cómo

pregunta
por qué

Para Valentina, mi neta, en un día de siempre

La ventana
por donde
te miraba
balde de agua
lado a lado
ya no está

allí quedó enterrada
la sombra
de mi zapatito mocasín

todo se ha vuelto
pampa
aire
tierra
y aún lloran
sobre las alcachofas
los mismos muertos
que nunca vimos

Recordando a mi madre trayendo agua del puquio a la casita de barro e ichu donde vivimos en Tingo. Aquí fue maestra por 30 años.

Ahora tengo la edad
que nunca quise

la de mi entumida juventud

la de los recuerdos
porque no tengo memoria

la de la nostalgia
porque no la conozco

la del pasado
que no viví

la del futuro
que se fue

tengo la edad
de misa de difunto

de responso
después del entierro

de tumba olvidada

de cementerio
en cuarentena

la edad del desperdicio
que se arrincona
en la puerta
esperando al basurero

la edad
blasfema
de confesionario

la de campana
doblando
cortejo fúnebre

la del espejo
que no refleja

la edad
del antes y durante
del antes sin después

de trompo sin púa
de bolero sin pita

de las manos vacías
de las rayas sin cara
del cerebro sin cabeza

la edad
en fin
sin entrada ni fondo
lejos de ti
siempre
más lejos

Hoy te echa de menos
mi alma
recordando
la ternura
de tus lágrimas
enredadas en mi hombro

esa noche supe
que tal vez nunca
te irías de mis ojos
que cuidarías de mí
a pesar de mis demonios

no escogimos
el camino a seguir

nos encontramos

seguiremos andando
hasta el sitio seguro
a donde llegar

no sé
cuando
vienes de noche
sólo te siento
ensortijada
a mis piernas
buscando entrecomerme
la piel
cuando apenas sé
que ya es tarde

Para Sonia

Mi madre está ahora
veinte años después
de cerrar sus ojos
camino del empalme

ha decidido
que allí
nos juntaremos todos
cuando lleguemos

no entristezcan
dice
vendrán unos antes
y otros después

juntos hundiremos
miserias y penas
en el pozo de la casa Colina
atizaremos la bicharra
para calentar
nuestros recuerdos
guindaremos en la retama
nuestras alegrías
alumbraremos el bracero
para un poco de papas sancochadas
haremos máchica
en el batán de la sala grande
colgaremos maicitos
para la cancha
en el patio

iremos al puquio en Tingo
a mirar nuestras caras
y tender en la helada
nuestras risas

comeremos bizcochuelo
donde Mamachocho
y leeremos Armonía
donde Tata

tomaremos maca
donde Martha
y uña de gato donde Elsa

en tiesto
haremos cancha y pan serrano
tomaremos lonche con café cachalpo
en la meza de Ayacucho

almorzaremos cada domingo
en Miro Quesada
y rajaremos
de los ausentes
entre risa y risa

no nos acabaremos
volveremos a la vida
una y otra vez

nada nos debe hacer olvidar
que todo
vuelve a ser

todo está como crecimos
con la intensidad
que sentimos
cuando en el trompo
le dábamos
vuelta al tiempo

conformen lleguen
estaremos todos
y seremos siempre
familia

Junio 24 - 2018

Ayer te fuiste
desapareciste
físicamente
dirán los ilusos
los torpes
los ayunos
de ese entendimiento
que te permite saber
que no hay
cuerpo y alma
que uno
es nada sin el otro

por eso duele tanto
tu partida
como la de Sonia
todos los días

por eso duele tanto
quedarse
para saber
una y otra vez
de los que se van
mientras me toque
con una sola certeza
ni la tumba
ni las cenizas
te devuelven

por eso tu partida
parte mi espalda
maltrata mi cabeza
adormece mi llanto
que terco
cae y cae
lacerando
mi dolor

si supiera
dónde está
le pediría
que descanse

no estás más
para hablar de los amigos comunes
para escucharte
sentenciar
"ese está hasta las huevas"

a ti nadie te sentenció
todos sabíamos
que te quedarías
para enterrarnos
uno después del otro

fuiste el tronco
la fuerza
que nos hizo otros
después de ser
todos lo mismo
la misma risa
la misma tristeza
el mismo amor
la misma burla
de sabernos eternos
camino a Huánuco
por coca y caña
a Huancayo por chifa a lo serrano
¡pura mierda!
pero cómo lo disfrutábamos

no estás más
para recordar nuestras venidas
en el Mercury a Lima
con el Gordo en su MG convertible
el Pato en su Peugeot
acompañados con el Nelo

todos a casa de la tía Josefina
a juntarnos con Miguel y Paco
mirar a Esther
a la que nunca pude decirle
cuánto me gustaba
porque a la hermana del amigo
no se desea

ir donde Cruz
tu otra hermana
para enamorar
a las Niada

no estás más
para recordar
nuestro viaje a Pucallpa
con un camión
cargado de cerveza
que vendíamos
en el día
para chupárnoslas heladitas
en la noche

para recordar
la noche
que canté Granada
y chupamos gratis
hasta el día siguiente
pagados
por el barítono
al que le bajé los humos
con mi voz de tenor

para recordar a Sadit
la de nuestra pensión
que querías levantártela
y yo enamoraba
para lo mismo

no estás más
para mirarnos
tu calvo
yo pelo blanco
pero iguales
de afecto
de ternura

dejaste sola a Martha
tu amor
tu antes y durante

y a tus hijos
que son grandes
pero te extrañarán

dejaste a tus amigos
que no pudimos
hacer tu velorio
por culpa de los desquiciados
de la pandemia
ajenos
a la alegría
que se contagia
al dolor
que se comparte
a la tristeza
que se consuela

te fuiste
sin despedirnos
y no estás más
en el lugar
que tenías en mi abrazo
en mis ojos

cuando los cierre
no te veré
tampoco te buscaré
no te encontraré
porque igual que tú
que Sonia
también yo
seré nada

Para Víctor Wissar, amigo entrañable, el día que se fue 12-02-21, por falta de atención médica.

Te fuiste
hermano lindo

admitirlo
me astilla el alma

como te dije
alguna vez
los muertos ¿qué?
desaparecen
lo terrible
es quedarse
para velarlos

dime si no
¿dónde está tu voz?
¿tu llamada frecuente?
¿tu paciencia sonriente?
¿tu consejo prudente?
¿dónde tus manos fáciles
para nuestras escapadas nocturnas
de la casa Colina

para burlar las alcancías
de Mamachocho

para tañer el requinto
en enamoradas serenatas

para hacer en "noches blancas de luna"
tus adoradas mulizas
y de tu Jauja poesía

para hornear bizcochuelos
amasar bollos
imprimir Armonía?

¿dónde tu alegría
para contarle a tus nietos
por qué
te decían "charro"

¿dónde tu ternura
de papá
para secundar
mis amores
para hacer crecer
a tus hijos
tus nietos
tus bisnietos?

te fuiste
hermano lindo
tras de tu tristeza
por Elsa
por la viejita
por Sonia
por los amigos comunes

te fuiste
a encontrar
el empalme de Tingo
a donde dijo la viejita
llegaremos todos

¡mentira hermano lindo!
lo inventé yo
para hacer presente
su ausencia

para los muertos
no hay otro empalme
que la nada

para los que quedan
reclamos inútiles
recuerdos que hielan
las ganas de seguir

pero te imaginaré con todos
esperándome
sólo para no hacer
de mi tristeza
sufrimiento

me duele tu ausencia
en mi brazo
en mi voz
en el silencio
hasta cuando muera
sea igual nada
y deje que se jodan
los que quedan
hasta llegado
el olvido
de los que vendrán

me subleva
no haberte sabido persuadir
que las vacunas están hechas
para el exterminio de los viejos

tú en cambio
supiste convencerme
que me vacunara
para abrazarnos
dijiste
y volver a ser uno

tu muerte
es la derrota
a mi convencimiento

eso hace
a mi tristeza
odio
rabia

a mi dolor
desesperación

incontenible
a mi llanto

te mataron
hermano lindo
vas por delante

ya no podremos
estar juntos en Chocaya
para tomarnos un vino

almorzar en casa de Camicha
hablar de geopolítica
reírnos de los fantoches de turno
de aquí y de más allá
permitirme
porque así me querías
clavar tu religiosidad de iglesia
en la falsedad

nunca sabremos
quién era el equivocado
porque nunca estaremos juntos
otra vez

lo que vivimos
se partió por mitad
y es apenas el comienzo
de la infinita distancia
que la muerte significa

te fuiste hermano lindo

contigo empezamos
a desaparecer
los hermanos Falconí

conforme te sigamos
dejaremos de ser historia

sólo recuerdo primero
pasado después
pálida referencia más allá

"nunca volverán nuestros corazones a latir"

Para mi hermano Carlos el día que se fue, 27-08-2021, por una trombosis "desencadenada" por las vacunas.

Escribo esto
recordando nuestros días
de tunantada
disfrazados de “chutos”
encaramados en el arco
de donde colgaba el pato
para su sacrificio

robaríamos el cuerpo
para trocarlo
por unas cervezas
porque llevarlo a la casa
era exponer
nuestros cuerpos

vestíamos impecables
de pies a cabeza
como la abuela vestía
para ocasión igual
a nuestros tíos
y nuestra madre
aprendió el rito

todo como nuevo
de los guardados
de la Mamachocho
nuestra tía linda
parte herencia
parte empeños
perdidos en el tiempo

también del apañamiento
de Elsa tu esposa

camisas blancas almidonadas
pañuelo igual de blanco
con iniciales bordadas
por la abuela Angela
anillo de oro 24 kilates
para sujetarlo

huatrila
chalecos
mangas
bordados con arte
sin huachafería

mantas ancestrales
de hilo multicolor

pañuelos blancos especiales
para protegernos cabeza y cara
del sudor de la careta
que cambiábamos cada día

guantes de cuero
tongo de paño
con cintas finísimas

botas que sabían de la armonía
de arpa y violín
de saxo y clarinete
y de pasos
de generación a generación

cosa seria
era tu parafernalia
desde tu huallqui
tu látigo
al chutito
de mano
que habías adaptado
para beber cerveza
a través de él
evitando levantarte la careta

hablaba a través tuyo
enamoraba
cantaba en quechua
decía chistes
contaba aventuras
decía verdades

aumentaba
la curiosidad por saber
quiénes éramos
nunca nos descubrieron

eras tú mismo
con tu humor
tu risa
tu caballerosidad
tu respeto sin concesiones
por la tradición
por lo que dejó
de ser de hombres
para ser diverso
perderse en lo “chicha”
acabar en lo vulgar

todo lo que rechazaste
desde tu íntegra convicción
de jaujino
de tunante de 20 de enero

Recordando a mi hermano Carlos a los 10 días de una tristeza interminable por su inesperada partida. 08-09-2021

Parado
en el umbral
de una nueva despedida
me atiza el convencimiento
que debo arrear mis penas
a otro lado
cargar mis muertos
a otro retiro

gracias por compartir
tu espacio
alentar mis pasos
con tu saludo de cada día
tu risa de a veces

gracias por darle descanso
a mi fatiga
con tu bondad
de siempre

por poner
tu espalda
a los arrepentimientos
que me pesan

gracias por entender
mis silencios
arrancarme el sufrimiento
con las tareas diarias

esta despedida
no es el adiós de tus viajes

ahora
me pesa el caminar
para ir a tu encuentro
mi tiempo para voltear
mi egoísmo para ignorar

así es como debe ser

antes te fuiste
tras tu búsqueda
ahora buscas quedarte

antes partiste sola
ahora te quedas acompañada

no hay pesar
ni lamento

cada quien debe
vivir su tiempo

creer que repetir enseña

imaginar la claridad
mirando de lado

Para Mishelle en un adiós distinto. 28-09-2021

Nunca te fuiste
te irás cuando sea nada
y no recuerde
tu sonrisa de mariposa
tu ternura de lirio

cuando no necesite más
tu serenidad
para enderezar mis desvaríos
de tu regazo
para esconder mi pena
de tu atención
para calmar mi rabia
de tu norte
para ir al sur
sin equivocar el camino
de tu espalda
para esconder mis huidas
de tu tranquilidad
para serenar mi llanto
de tu cariño
para animar mi necedad

te irás
cuando no te busque
para encontrar
lo que pierdo a cada rato

cuando ya no vuelva más
al viejo molino en Tingo
a soplar el pito
anunciando
que ya hay escuela

a encontrarme
con los Cancho
los Barzola
los Esteban

ir a cazar chigüacos
recoger guindas
y recibir tus regaños

te irás
cuando ya no les cuente
a tus nietos y bisnietos
las tandas que nos dabas
por jugar a los vaqueros
mientras te ibas de casa
a buscar para comer
porque tu sueldo de maestra
no alcanzaba para los cinco

te irás
cuando deje de mirarte
junto a Mamachocho
queriéndola más allá
de sus cuentas interminables

te irás
cuando ya no extrañe
tu mano en mi cara
repitiéndome que estoy flaco

cuando ya no te vea
haciendo larga la comida de cada día
para tus nietos y todo aquél que llegara

te irás
cuando ya no recuerde a Mishelle
sobre tu espalda
y tus amuletos para que no la ojeen

te irás
cuando ya no te vea disponiendo
la mesa larga en casa de Camicha
guardando el sitio de Carloncho
reservando a mi lado el de Sonia

te irás
cuando haya doblado la esquina
y no te encuentre

Para mi madre en otro cumpleaños ausente 24-06-22

Muerte
te espero

no aceptaré
otro desplazamiento

me tienes colgado
sin apretar nudo

estoy cansado
solo
dolido
sin encontrar fuerza
para otra vez
ver partir
a quien
no sea yo

ya demostraste
cuán artero puedes ser
llevándote
a quienes más extraño

ven ahora
de una vez por mí

mírame a la cara
desnuda mi esqueleto

quédate pendiente
mientras aliso
mi pelo
donde escondo
esto que escribo
como prueba
de nuestro encuentro

Agosto 2022

El tiempo no pasa
cada quien tiene el suyo
termina
cuando nos vamos

hace un año acabó el tuyo

de cuánto y cómo lo compartiste
sabemos
sentimos
los que quedamos atrás

tus hijos te lloran
tus sobrinos te reclaman
tus nietos y bisnietos preguntan
tus amigos te recuerdan
tus hermanos te extrañamos

todos de un modo diferente
profundo
triste
a veces
riendo

yo aparte
tengo reclamos

dejaste pendiente
nuestro abrazo de cada encuentro

tu risa alegrando mi soledad

tus llamadas ahuyentando mis pesares

tu consejo prudente apaciguando mi rabia

me quedé solo
cuando más te necesitaba

tu muerte empaló mi tiempo
en la pena que me acaba
en el dolor que me hunde
en la tristeza que me parte

tu muerte
trocó mi impaciencia
en odio
contra quienes
inútilmente
te advertí
nada los alcanza en su impunidad

la maldad no tiene tiempo
hermano lindo

tu bondad se fue contigo
no importa cuánto la recordemos
no está más
a no ser como consuelo
acaso como ejemplo

para mí
es urgencia diaria
unción inmediata
distancia inalcanzable
camino que perdí
la noche que te cruzó
la oscuridad

tu ausencia
ha ensordecido mi grito
entorpecido mi ritmo
acalambrado mi mano

necesito presente tu voz
tu ternura tocándome
tu alegría envolviéndome
tu sensibilidad
para escribir
para cantar
para bailar
para encontrarme
para ser yo

26-08-2021 al año de la interminable partida de mi hermano Carlos

Recoger lo no vivido
es lo que hago
cada día
de tu ausencia
mientras
mi espalda
se hace
larga curva
de lo que me queda
de camino
antes de hacerme
nada
igual que tú

de qué me sirven
estos días
sin la alegría
de tu templada
sonrisa de muliza
de tu voz
acogiendo
la brisa
de tu caminar
cortando el viento
de tu temple
de hermano mayor
consejo y guía
sin amargura alguna
dispuesto
siempre
a extender la mano
sin nada
a cambio

¿por qué engañarnos?
hoy no seremos alegría
sólo sombra
de la luz caramelo
de tus ojos
haciendo eterna
tu partida

recordarte
un día
como hoy
tritura
la pena
de los que
juntos
no hemos dejado
de quererte
de abrazarte
de hacerte saber
que eres
raíz
tronco
fruto ido
pero interminable

Noviembre, 11, 2022 en un cumpleaños ausente de mi hermano Carlos

Printed by Books on Demand GmbH, Norderstedt / Germany